DU BASSIN DE LA LOIRE

PAR G. [illegible]

LA VÉRITÉ

SUR LE

SCANDALE DE LA RICAMARIE

LA PREMIÈRE A M. LE MAIRE

Pendant que les anarchistes arrêtés au cimetière de la Ricamarie, où ils étaint allés honorer les victimes du trop fameux Gosserand, transformé pour la grève en massacreur au service des compagnies, se morfondaient à la prison de Bellevue ; pendant que les juges de la république — cette vile prostituée — consultaient les codes et fouillaient les grimoires du palais pour trouver les délits qu'ils voulaient jeter à la face des prévenus ; pendant que tous les gratte-papier de la presse servile rédigeaient — pour le compte de l'administration — les ineptes canards dont ils alimentaient chaque jour la crédulité publique, la large face bouffié du maîre de la Ricamarie devait s'épanouir, et, le col tendu, la tête renversée en arrière, l'HONORABLE magistrat devait rire, de ce rire impertinent, bête, particulier aux gens de son espèce, de ce rire stupide qui ressemble, à s'y méprendre, à une abominable grimace...

Car il était content, M. le maire...

Et il y avait de quoi. D'un seul coup de filet, il avait pris — ou fait prendre — trois révolutionnaires, dont un habite la Ricamarie, ce qui, entre parenthèses, désespère M. Jacquemard — c'est le nom du brave maire, — qui voudrait bien savoir son administré aux antipodes ou plus loin encore, car notre ami est un des rares citoyens de la commune qui ont le courage de résister à l'omnipotence du fougueux fonctionnaire.

On conçoit dès lors la joie féroce que devait éprouver ce gros monsieur en procédant à cette importante capture. Pauvre homme ! Il oubliait une chose : c'est que les anarchistes s'arrangent de façon à tirer le meilleur parti possible de cette arrestation brutale et arbitraire, et qu'en fin de compte, il s'apercevrait, lui, Jacquemard, que le verdict de l'opinion publique est autrement juste et plus péremptoire que celui du tribunal correctionnel.

Ah ! M. le maire, vous avez cru que vous pouviez impunément arrêter, pour les jeter au cachot, d'honnêtes citoyens qui ne faisaient de tort ni de mal à personne. Attendez ! La justice bourgeoise a fini ; nous allons commencer ; les accusés deviennent vos accusateurs, on verra bien si vous serez aussi calmes devant leur indignation qu'ils l'ont été, eux, devant les sabres et les mousquetons de vos valets habillés en gendarmes.

Ah ! M. Jacquemard, vous avez pensé que vous pouviez ainsi arracher des ouvriers à leur travail, des citoyens à leurs familles, sans que leur juste ressentiment puisse venir vous troubler dans votre quiétude et votre sécurité !

Vous vous êtes trompé, Monsieur, car, dussions-nous

subir une deuxième condamnation, nous voulons vous dire votre fait. Seulement nous n'emploierons pas, pour vous combattre, les armes déloyales que vous avez employées à notre égard. Le mensonge, la calomnie et l'hypocrisie sont bons pour vous et les vôtres. Ces moyens nous répugnent ; à nous, révolutionnaires, il faut la vérité, toute la vérité, rien que la vérité.

Et c'est la vérité que nous voulons établir.

Le pourquoi de l'arrestation

Des gens de très bonne foi ont pu croire un instant que les délits relevés contre les accusés existaient réellement. Il est vrai que la défense des prévenus et surtout la conférence donnée au cirque le 29 juillet par le compagnon Bordat, anéantissaient complètement les allégations des témoins qui, d'ailleurs, étaient tous des employés de l'administration.

— Mais alors, disait-on, si vous n'avez ni escaladé les murs, ni brisé la serrure du portail, ni renversé les croix, pourquoi donc avez-vous été arrêté ?

Pourquoi ? le voici :

Quelque temps avant la manifestation, une réunion organisée par les anarchistes avait lieu à la Croix-de-l'Horme. A cette réunion se trouvaient plusieurs citoyens connus à St-Etienne et même à la Ricamarie, notamment M. Girodet, un député réputé radical ; Michel Rondet, secrétaire-général du syndicat des Mineurs, qui reçoit de cette corporation un traitement fixe de 1800 fr. par an, et enfin plusieurs autres citoyens qu'il est inutile de désigner ici.

La discussion fut très vive. Le député voulant expliquer sa conduite à propos d'une mission de conciliation qu'il avait acceptée lors de la grève des mineurs de Bessèges et de la Grand'Combe, démontra — probablement sans s'en douter — que l'intervention des élus du suffrage dit universel dans les conflits qui éclatent entre ouvriers et patrons, ne peut amener aucun bon résultat pour les esclaves du capital. Saisissant la balle au bond, un anarchiste fit clairement comprendre à l'auditoire que les politiciens de tout acabit qui battent la générale autour des réformes politiques, dans le but évident de capter la confiance des électeurs afin d'arriver au pouvoir ne sont que des charlatans, car, à peine sont-ils arrivés au siège qu'ils convoitaient, qu'ils s'empressent d'oublier les électeurs qui les y ont appelés, ou s'ils daignent se souvenir d'eux, c'est pour les combattre et étouffer leurs légitimes revendications.

Et il termine en disant que le seul moyen d'émancipation c'est l'abolition du patronat par la Révolution.

Ces théories développées tout au long par les orateurs du parti révolutionnaire, ne pouvaient manquer de fixer l'attention des mineurs qui voient très bien que plus ça change et plus c'est la même chose. Ils changent de maîtres, voilà tout.

Cette réunion fit grand bruit dans la presse stéphanoise, en même temps elle donnait l'éveil aux actionnaires des compagnies.

D'autre part, grâce à l'initiative du compagnon Placide, auquel il est fait allusion plus haut, le *Droit social* avait fait son apparition à la Ricamarie et un grand nombre de citoyens avaient signé la liste de souscription pour l'achat d'un revolver d'honneur au compagnon Fournier.

C'était plus qu'il n'en fallait pour que l'administration conçût une haine très vive contre le parti révolutionnaire et cela suffit, croyons-nous, pour expliquer notre arrestation.

Oh ! il faut que la Révolution les effraye singulièrement ces bourgeois têtus et ventrus qui ont la cervelle aussi vide que leur ventre est plein, pour qu'ils arrêtent aussi légèrement des citoyens inoffensifs et leur fassent parcourir à pied et enchaînés comme de vulgaires coquins, une distance de quatre kilomètres jusqu'à la prison où ils seront enfermés en attendant qu'il plaise aux magistrats de se prononcer sur leur sort.

Si au moins ces messieurs avaient le courage de leurs opinions, alors, peut-être, ils daigneraient écouter les explications de leurs adversaires.

Mais point. Voici un trait qui fera mieux connaître le Maire de la Ricamarie que tout ce que nous pouvons dire de lui :

Après avoir soumis au tribunal sa grotesque déposition, M. Jacquemard demande au président la permission de se retirer POUR ALLER MANGER, dit-il. On eût pu croire qu'après avoir mis cinq citoyens entre les mains de la justice, le maire aurait à cœur d'entendre la défense. Erreur ! Il VOULAIT ALLER MANGER.

En homme prudent, il sentait qu'il lui serait plus aisé et surtout plus agréable de digérer quelque morceau plutôt que la verte réplique du compagnon Bordat. Et le maire s'esquive. Il va sans doute arroser sa joie dans un de ces établissements borgnes, où, à ce qu'on assure, il passe plus de temps qu'à la mairie de la Ricamarie.

Pendant ce temps le tribunal condamne :

Bordat à un mois de prison, R. Faure à huit jours et Placide à dix jours. Tous solidairement aux frais et dépens, sans compter la prévention.

Extrait de la défense du Compagnon BORDAT

Messieurs,

C'est en vain que le tribunal nous invite à laisser de côté la question politique. Ayant été attaqué par le ministère public au point de vue des opinions, j'ai le droit et le devoir de me défendre et je me défendrai. Néanmoins, s'il m'arrivait de m'écarter de la question, ce qui est possible, étant donné mon ignorance en matière de procédure, je tiendrai compte, dans la mesure du possible, des observations de M. le président.

Je n'ai pas toujours été révolutionnaire. Ainsi que bon nombre de mes amis, j'ai d'abord défendu la République. A Lyon, j'allais dans les comités opportunistes et radicaux et je travaillais avec les autres membres de ces comités à l'affermissement du gouvernement républicain, croyant sincèrement à la réalisation des réformes contenues dans les programmes. Mais bientôt désillusionné sur le désintéressement des personnages les plus en vue de ces partis et éclairé sur les visées ambitieuses de ces messieurs, j'ai rompu brusquement avec les opportunistes et les radicaux et je suis passé, avec armes et bagages, à la Révolution.

Depuis, les intrigants de ces partis ont déversé sur moi tout ce qu'ils avaient de haine et de venin : de citoyen honnête que j'étais auparavant, je suis devenu tout-à-coup un brouillon, un vaurien, un intrigant moi-même. C'est au moins ce qu'affirmaient ces prétendus républicains. Si bien qu'un jour je me vis forcé de souffleter un journaliste qui m'avait insulté, et n'en déplaise au ministère public, je soufflette les imposteurs partout où je les trouve.

Mais j'arrive à la question.

Je suis accusé d'abord d'avoir insulté le maire. Ceci est faux. Au moment où nous déposions les couronnes que nous avions portées la veille sur la tombe des mineurs assassinés, un gros monsieur, suivi de la force publique, fit irruption dans le cimetière, il nous parla sur un ton brusque et impérieux, nous lui répondîmes sur le même ton. Puis apprenant par le brigardier de gendarmerie que ce monsieur était le maire, je lui contestai le droit de nous arrêter, car il n'avait aucun insigne indiquant sa qualité. Il est vrai que je le qualifiai de bourgeois ventru, mais, messieurs, j'ignorais absolument que ce soit insulter un homme que le qualifier de bourgeois et il faut que la bourgeoisie soit bien criminelle pour trouver un outrage dans cette qualification ; quant à l'expression de ventru, si M. le maire ne l'est pas, je m'en rapporte à l'appréciation du tribunal et je l'excuse de ne pas être porteur de son écharpe car son embonpoint empêche les deux bouts de se joindre.

Le délit de violation de sépulture n'est pas mieux fondé. J'ai toujours vu, dans les grandes villes, qu'on portait des couronnes sur les tombes de parents ou d'amis sans être inquiété par la police. On dit, il est vrai, qu'il y a eu des barrières brisées. C'est possible pour nos accusateurs, mais la justice aura bien de la peine à faire croire au public que nous sommes allés au cimetière dans le but d'y renverser des barrières et d'y briser des croix.

Quant à la serrure du portail, si elle est brisée, ainsi que l'affirmait M. le Maire, je soutiens qu'elle l'a été par les soins de nos accusateurs, car si nous avons escaladé, comme ils le disent, nous n'avons pas fracturé, et si nous avions fracturé, il était donc inutile d'escalader.

On me reproche aussi d'avoir été trouvé porteur d'une arme prohibée. J'ai déjà expliqué à l'instruction, que ce revolver est celui du compagnon Fournier, acheté à Lyon par le journal *Le Droit social* et la *Fédération révolutionnaire*, que j'avais apporté à Saint-Etienne pour le montrer à nos amis, qui en étaient également les souscripteurs.

Vous le voyez, Messieurs, l'accusation n'a rien de fondé. Mais il vous fallait un procès. Ce qui s'est passé à l'instruction suffit d'ailleurs à le démontrer. Ne s'est-il pas trouvé un témoin pour dire que R. Faure avait parlé sur la tombe, de pillage et d'incendie ?

Ici Bordat, sous les yeux du public et du tribunal, expose les principes socialistes révolutionnaires, et il dit : Pour atteindre ce but nous sommes bien décidés à ne reculer devant aucun moyen, pas même ce que vous appelez si complaisamment « Meurtre, pillage et incendie ». Que diriez-vous, Messieurs, d'un général de votre belle armée qui, pour gagner la bataille, hésiterait à brûler un ou plusieurs villages et à s'emparer des aliments nécessaires à l'existence de ses soldats ? Vous diriez : c'est un imbécile, et si au contraire, il n'hésite pas à faire tout cela et qu'il gagne la victoire, vous lui donnez la *Croix*. Eh bien, soyez donc logiques.

Vous voyez bien, Messieurs, que si nous n'avons parlé d'incendie dans le cimetière, nous ne craignons pas d'en parler ici, et la chose est tellement certaine que ce témoin a dû rectifier sa déposition devant l'indignation de mon ami, mais il n'en demeure pas moins établi qu'on voulait nous faire un procès de tendance et que c'est l'impossibilité de poursuivre pour délit politique, qui a fait porter l'accusation sur des délits de droit commun.

Mais que nous importe, après tout, le motif pour lequel nous sommes arrêtés. Agissant au grand jour et acceptant toute la responsabilité de nos actes, nous n'avons pas à redouter l'action de la justice. Nous savons que les travailleurs sont avec nous contre nos juges ; c'est pourquoi nous attendons, insouciants, le verdict du tribunal, sachant que le peuple a déjà rendu le sien.

Ce discours, prononcé avec une grande fermeté, est salué par une salve d'applaudissements. Aussitôt le ministère public requiert l'évacuation de la salle. Le tribunal se retire pendant que les agents de la force publique poussent dehors les assistants, c'est-à dire les ouvriers, car aux bancs des avocats, sont entassés pêle-mêle, bon nombre de bourgeois, mouchards, employés, journalistes, qui regardent tranquillement s'écouler le public sans se préoccuper autrement de l'ordre du président.

A la reprise de l'audience, nous avons la parole pour ajouter quelques explications à celles fournies par Bordat. En voici à peu près le sens.

Messieurs,

L'accusation, par l'organe du ministère public, cherche à faire peser toute la responsabilité des faits sur le principal accusé. J'avoue ne pas comprendre cette manière de procéder, et je le déclare hautement : Si le délit de violation de sépulture existe, ce que nous contestons, il existe pour moi seul. C'est moi, Messieurs, et non-pas Bordat, qui enfonçais un piquet dans la terre lorsque le Maire est entré dans le cimetière, et c'est à moi que le Maire s'est adressé, avec ce ton arrogant que nous lui connaissons, quand il a dit : — Laissez tout ça là et suivez-moi... Mais il semble qu'il y ait contre nos amis de Lyon comme une espèce de parti-pris. On vous lit des articles du *Droit social* relatifs à l'anniversaire du massacre des mineurs et immédiatement après l'on conclut que c'est le journal lyonnais qui a conseillé la manifestation. Or, qu'on le sache bien : l'initiative de la manifestation appartient aux socialistes stéphanois et c'est comme délégué de la Fédération révolutionnaire lyonnaise et invité par nous, que Bordat y assistait.

Pour ce qui est des délits relevés contre nous, je les nie énergiquement : Notre arrestation s'explique par ce seul fait que l'administration était hostile à la manifestation et qu'elle a saisi l'occasion de se venger.

Oui, il y a au fond de cette question, ce que je pourrais appeler une haine de parti. Nous sommes socialistes révolutionnaires, c'est pour cela, et pour cela seulement, que nous sommes en prison. Si je me trompe, si les représentants de la justice n'ont pas une haine profonde contre ceux qui ont souci de l'émancipation humaine, le tribunal le montrera en prononçant l'acquittement des accusés.

LA DERNIÈRE AU PARQUET

Dans le violent réquisitoire qu'il a prononcé contre les prévenus, M. le Substitut du Procureur, occupant le siège du Ministère public, a fort loué la conduite du Maire. — Il serait désirable, a-t-il dit, qu'en pareille circonstance, tous les Maires agissent ainsi.

Fort bien, Monsieur, mais puisque le Maire de la Ricamarie a si bien agi, permettez, ô Ministère public, que dans son intérêt, nous vous donnions un conseil.

Nous vous conseillons de demander ou de faire demander au gouvernement, sa nomination dans l'ordre de la Légion d'honneur.

Sans paradoxe, qu'on lui donne la Croix ; il la mérite !

Après l'assassinat de la Ricamarie, le gouvernement d'alors décora le fameux capitaine qui avait commandé le feu ; après l'arrestation des anarchistes, le gouvernement d'aujourd'hui peut bien décorer le fonctionnaire qui a ordonné cette arrestation.

Et comme la décoration de l'assassin Gosserand a servi de cible aux balles françaises pendant la guerre de 1870, le crachat du nommé Jacquemart pourrait servir de point de mire aux balles des insurgés à la prochaine révolution.

Ainsi soit-il.

AUX MINEURS DU BASSIN DE LA LOIRE

Frères de la mine,

Ouvrez les yeux à la lumière. Voyez d'un côté les administrateurs omnipotents qui tripotent vos intérêts sans vous consulter, qui ordonnent, commandent, règlementent sur l'avis des curés qui vous trompent et des compagnies qui vous exploitent ; les nombreux employés qui vous surveillent et qui, pour gagner les faveurs de vos exploiteurs vous astreignent à un travail au-dessus de vos forces, à un labeur incessant, n'ayant pas même quelques heures dont vous puissiez disposer pour acquérir les notions élémentaires de la justice et de la raison, en vertu desquelles tout être humain doit développer en lui les sentiments de dignité, d'indépendance et de liberté, que chacun de nous devrait posséder. Et voyez de l'autre côté des ouvriers comme vous, victimes comme vous, qui vous tendent une main fraternelle et vous invitent à vous ranger sous le drapeau de la Révolution, pour pouvoir renverser ensemble ce vieux monde d'iniquités où les uns jouissent de tous les superflus, pendant que les autres sont maintenus dans un perpétuel esclavage.

D'un côté les dirigeants, les gouvernants, les voleurs ; de l'autre côté les dirigés, les opprimés, les volés.

Entre ces deux partis séparés par un antagonisme éternel, l'hésitation est-elle possible ? Seriez-vous avec les voleurs contre les volés, avec les exploiteurs contre les exploités ! Défendriez-vous les privilèges du maître contre les droits de l'esclave ? Non, non ! Assez et trop longtemps vous avez souffert de la tyrannie des gros et des petits bourgeois qui s'engraissent de vos sueurs, rognant sur vos maigres salaires les deniers nécessaires à l'entretien des mouchards, qui vous surveillent, même en dehors du travail. Vous savez trop combien l'opulence et les morgues des patrons est pénible pour vous ; combien est dure votre humiliation. O mineurs, qui comprenez ces vérités, réveillez-vous ! et sans vous préoccuper autrement des perfides insinuations de ceux qui ont intérêt à vous tenir dans l'asservissement, serrez franchement la main fraternelle que nous vous tendons et travaillez avec nous au triomphe de l'Egalité par l'abolition du salariat.

N'écoutez plus les ambitieux qui vous promettent sans cesse des améliorations qu'ils ne peuvent vous procurer ; ne croyez plus aux paroles mielleuses et menteuses de ces intrigants qui vous flattent pour vous tromper, car ils mentent impudemment, ces prétendus réformateurs. Ils font miroiter à vos yeux des projets qu'ils savent destinés à ne jamais voir le jour. Ils entretiennent chez vous une vaine espérance, pendant qu'eux vivent et jouissent au détriment de la foule qui les écoute et qui les paie.

Gardez-vous, citoyens, de confier votre souveraineté

à quelques hommes. Ce serait abdiquer. Du jour où vous nommez des représentants, vous vous donnez des maîtres ; vous forgez vous-mêmes les chaînes que, plus tard, ces représentants vous riveront aux pieds.

Voyez-le vous-mêmes : Depuis douze ans que nous sommes en république, que nous changeons périodiquement de députés, de ministres, sommes-nous plus heureux, plus favorisés que nous l'étions auparavant ! Evidemment non. A quoi cela tient-il ? à ceci sûrement : Que l'autorité étant l'antithèse de la liberté, tout gouvernement est forcément le maître et, par conséquent, l'ennemi du peuple. De là découlent les haines, les jalousies et tout le cortège de vices qui désolent l'humanité.

Mais, direz-vous, il faut bien pourtant que quelqu'un ait la direction des affaires : s'il n'y avait pas de gouvernement, que feraient les travailleurs ?

Eh bien, nous tournons la question avant de répondre et nous disons : S'il n'y avait pas de travailleurs, que ferait le gouvernement ?

Les gouvernants s'occupent bien moins des intérêts des ouvriers que des leurs propres : ce sont tous ou presque tous des actionnaires, des ingénieurs, des avocats, des médecins, etc., gens vivant grassement, dont le talent consiste surtout à tromper ou à voler le public, appuyés en cela par un clergé tout-puissant et une armée redoutable, toujours prête à vous fusiller si vous tentez la moindre résistance contre vos exploiteurs.

Sortez, citoyens, de l'état d'infériorité dans lequel le prêtre et le patron vous ont placés, élevez-vous par l'étude et la conversation et vous apprendrez qu'il n'est pas plus besoin de patrons pour faire travailler les ouvriers qu'il n'est besoin de gouvernants pour les diriger.

La routine et le préjugé sont entre les mains de vos ennemis des armes redoutables qu'ils manient avec une grande habileté. Les sentiments de jalousie, malheureusement trop fréquents dans la classe ouvrière, sont pour nous la première et la principale cause de division. Au lieu de se jalouser, de se haïr, de se calomnier, les ouvriers devraient se tendre la main, car leurs intérêts sont solidaires et garder leur haine pour ceux qui les exploitent et les insultent par-dessus le marché.

La défiance ne doit exister dans la classe laborieuse que pour ceux qui aspirent à prendre des places, à établir leur prépondérance, leur domination sur ceux de leurs collègues qui ont eu la naïveté de les écouter.

C'est pourquoi nous vous disons : — Défiez-vous des politiciens, des candidats, des administrateurs, sincères ou non. Ils se trompent eux-mêmes s'ils ne vous trompent pas. La société actuelle est organisée de telle sorte, que tout ce qui existe est absolument nécessaire à son bon fonctionnement, ce qui fait que les trois quarts au moins des réformes qu'on vous promet ne peuvent s'obtenir. L'organisme social peut se comparer à l'intérieur d'un mécanisme : Si vous supprimez un engrenage, vous détraquez la machine. Il faut, pour changer notre condition, changer les bases mêmes de l'édifice social. Voilà ce que vous apprendrez en causant et en étudiant.

Donc, citoyens, séparez-vous une bonne fois de tous

les hâbleurs qui veulent faire votre bonheur, car ce bonheur, vous ne pouvez l'obtenir qu'en le préparant vous-mêmes. Apportez votre part de travail et d'intelligence à l'œuvre d'émancipation que nous poursuivons, aidez-nous à accomplir la rude tâche que nous avons entreprise en commun, apportez votre pierre pour le nouvel édifice social que nous voulons construire sur les bases de la justice et de l'égalité. Et, en faisant cela, vous aurez bien mérité de l'avenir et de l'humanité.

Lyon. — Imprimerie PASTEL, 10, petite rue de Cuire.